JN418186

별은 그렇게 무릎을 내줬다

별은 그렇게 무릎을 내줬다

홍순미 시집

月刊文學 출판부

별은 그렇게 무릎을 내줬다

홍순미 시집

月刊文學 출판부

| 시인의 말 |

암컷이고 싶다.

암컷이고 싶습니다. 들고 있는 Pen의 수컷 앞에서만,

2019년 3월 28일 AM 7시 6분

홍순미

차례

詩 1

산문2

1

詩

하얀 피

백성의 피로 공장을 짓지 말고
하얀 피를 마시지 마라. 문재인,

하얀 피는 백성의 피요
눈물 마시지 마라.

* 〈혈의누〉 같은 그게 2017년 6월 중순 몽주시로 왔다. 2017년 5월 9일 선거가 있었고 문재인은 당선되었다.

사이코패스다, 예술

살인도 예술이냐?

예술이 사이코패스다.

포스트모더니즘이 말했다.

예술은 살인이다.

들불은 타고 있다

누군가 신겨 준 구두를 신고 죽음의 꼭두각시로 붉은 스카프를 매고 있었다. 용의 발가락엔 무좀이 걸려 있었고 가뭄 들어 저수지는 갈라져 있었으며 그건 늙은이의 발바닥 같았다. 난폭하기가 낫을 들고 이마에 앉은 파리를 쫓는 격*으로 보였다. 기름 어디다 부은 건지 들불이 타고 있었다.

* 『손자병법』에서 인용.

지명수배

무궁화꽃이 피었습니다.

거기 줄기에 진딧물이 바글바글하다.
언뜻 보기에 썩은 나무인 줄로 착각했다.

지명수배.

선홍색무당벌레를 색출하라. 빨갱이,

생계형 좌파새끼

생계형 좌파의 잉크냄새 「해리」 별 거 아녔다.

쥐뿔도 개뿔도 없듯 거기엔 별 거 없었다. 사회적 이슈만 건드려 독자를 피곤케 하는. 그걸 두 권씩이나 써서 더 피곤했다. 「도가니」에 이어,

가끔은 독자도 쉬고 싶다.

*「해리」: 공지영의 작품.

귀를 찢는다·4

흔들 좆이라도 있어야 흔들지 흔들 좆이 없어 쥔 것도 없다. 쥔 게 없으니 머리가 하얗다. 빨갱이 새끼들아,

이게 나라냐? 지금 막 잠든 애 깰까 두렵구나!

잘 가시게나

잘 가시게나,

거룩한 길 먼저 떠남이니 서둘지 말고 천천히 가시게나.

이승의 고통일랑 다 놓고 훌훌 떠나소서.

천상에선 아프지 말고 꽃길만 걷길 바라오.

착했던 친구를 오래도록 기억하리다.

잘 가시게나.

겨울 나뭇가지엔 눈꽃이 피었습니다.

언 땅을 이불삼아 덮고 있을 자네 등에 곧 봄볕이 들 테고 그렇게 되면 잔디가 모포처럼 싹을 틔울 것이네. 춥더라도 조금만 참으시게나. 동백이 입고 있는 눈꽃이 지면 곧 유채꽃이 필 걸세.

텃새가 함께 했던 어린 시절 우린 숨바꼭질로 집동가리 뒤에 숨었고 자치기를 했었지. 지금처럼 겨울엔 논빼미에서 썰매를 탔으며 여름은 포강에서 수영을 했던 추억 한 토막을 베고 자구랴. 혼자 외롭거든 한 페이지씩 열어 보게나.

잘 가시게나.

천상에선 아프지 말고 꽃길만 걸으소서.

인연의 끈도 이제 그만 놓고 편하시게나.

병문안 간 친구 손을 놓지 못했다는 소리가 그렇게도 걸리

는구랴.

두려워 말게나.

주님이 함께할걸세……

잘 가시게나.

* 제주 중문성당에서 미사 중.

하이에나

초원의 하이에나 한 마리 어슬렁거리고 있다. 개도 아닌 것이 들개 흉내로 썩은 고기를 뜯어 먹는,

이빨보다 웃음소리가 더 기분 나쁜 전력질주 뒤엔 비겁함이 들어 있다. 여의도는 지금 그것들로 들끓고 있다. 재래식 화장실의 구더기마냥,

저공비행 중인 독수리 한 마리 잔뜩 세운 발톱이 낚은 건 금뺏지였다.

편의점엔 담배가 없다

한 개비 남은 불안의,

저것마저 피면 나는 편의점에 가야 한다. 담배가 마려울지도 모르기 때문이다.

헛것이 보였고 순식간에 달려들었다. 광끼,

소설 속 개처럼 장작으로 맞았다. 풀어헤친 머리카락이 연기처럼 흩어졌다. 남근을 빠는 본능처럼 물씬 한가득 한 모금의 반항이 그 안에서 충실했다.

배우 김민희가 떠다녔다. 감독 홍상수,

나는 왜 스스로 치마끈을 문고리에 묶어놓고 감금돼 있는 건지. 담배 피는 걸 보고 싶다는 남자가 본능을 자극했다. 가출,

검지와 장지 사이에서 혼자 타고 있는. 사흘째,

나는 편의점을 가야 한다.

칠흑같이 어둔 밤 장대비가 쏟아졌고 나는 맨발이다.

#Me Too

입 닥쳐. 늙은 돼지야.

돼지는 돼지우리에 있을 때가 가장 아름다운 거야. 우리 밖으로 튀어나오려 하는 순간 그건 도살장의 도끼가 기다리고 있어.

석쇠 위 한 점 삼겹살 구이로 상추치마에 싸일 때가 가장 화려한 꽃으로 존재하는 건데 그것도 잊은 채 둔갑하지 마라.

너는 펜촉에 갇힌 늙은 시인.

악마의 탈출 꿈꾸지 마라.

사각 원고지 안의 링을 벗어나는 순간 넌 상추치마조차 걸칠 수 없는 존재가 돼버려.

창작의 잡식성으로 오물을 먹을 때가 가장 본분을 잘 지키는 일이라는 것도 잊지 마. 존재,

손을 뻗지 마라. 네가 내민 건 손이 아닌 돼지발톱이었어. 똥이 잔뜩 낀,

최영미 「괴물」이 지금 꿀꿀거리며 사각의 링 밖으로 나오려 애쓰고 있다.

추악한 돼지야.

괴물로 그냥 있어.

원고지 안에 그냥 있으란 말야.

입 닥쳐. 소리 지르지 마.

잠시 뒤 돼지 멱따는 소리가 들렸다. 그건 오랫동안 귀를 찢었다. 임종의,

그 소리 앵앵거리며 달려든 ambulance인 줄 착각했다. 처음은,

#Me Too!

나는 감히 en에게 발길질을 했다. 내가 걷어찬 건 시인이 아니라 늙은 돼지였다.

원고지 밖으로 잉크를 떨어트리면 그건 얼룩일 뿐이다.

돼지로 날다

돼지가 난다.
수퇘지도 날고 늙은 암퇘지도 같이 날아다녔다.
짧은 꼬리를 날개처럼 썼다.
돼지는 돼지일 뿐
돼지가 돼지의 몸으로 날아다녔다.
돼지에게 젖을 물리고 발톱을 씻겼다.
씻기고 또 씻겼다.
돼지가 다시 날아올랐다.
이번엔 돼지 냄새가 사방으로 흩어졌다.
나는 향수를 들고 다니며 뿌려댔다.
오랫동안 돼지 냄새가 가시지 않았다.
돼지발톱을 자르고 꼬리를 벼냈다.
똥파리처럼 돼지가 날아올랐다.
농약 든 스프레이를 뿌려댔다.
치지직,
날던 돼지가 추락했다.
버둥거리는 돼지머리가 아프다.
돼지는 돼지일 뿐,

잘못 젖을 물려 비대해진 돼지가
가짜 행세로 날아다녔다.

콤팩트 거울을 보는 여자

곧고 바른 직각의 여자는 스토리가 있는 여자다. 소설 속 주인공 같은 여자는 감동을 낳는 여자이기도 하고 얼룩의 붓을 든 여자이기도 하다. 직각의 여자는 진흙 같은 삶 속 가벼움과 깨끗함의 극치를 아는 여자다. 이혼이 공복이라고 말할 수 있는 여자는 더부룩하고 게으른 아둔한 폭식의 권태를 견디지 못해 한다. 혼자의 맑음에 취하고 공복의 개운함에 빠진 여자는 직각이다.

호송버스

삶이란 호송버스 같다. 왜냐하면 은행털이범, 강간범, 살인자, 사기꾼, 혹은 도박꾼에서 흉악범까지 모두 타고 내리기 때문이다. 수시로 탈영을 시도하는 호송버스 안에는 총을 든 경계가 있고 총구가 버스 안의 공기를 향해 장전해 있다. 방아쇠를 당기지 않아도 탄약 냄새로 매캐한 불안은 판·검사 앞에서만 몸을 푼다.

거기에 발가락 아픈 근혜(대통령)가 타고 있다.

별은 그렇게 무릎을 내주었다·1

지글거리는 8월의 별이 뚫었다.
와이키키 해변이 아름다운 건 작열하는 태양이 있기 때문이다.

뚫고 들어온 별이 계면쩍은지 쭈뼛쭈뼛.

얼마 뒤 별은 무릎을 내줬다.

* 2018. 2. 24. 제주 지드레곤카페에서.

마흔일곱의 순결 혹은 사십칠 년 간의 사랑

불쑥,

혹은 쭉~ 뻗었고 거기엔 'Stop'이라고 쓰여 있었다. 손바닥, 'NO'라고 했다. 달려오던 승용차가 급정거를 했으며 그것 역시 'Stop'이 들어 있었다.

모든 건 끝이 났다. 사해충,

(2019년 3월 29일 AM 4 : 30 꿈)

그대 묵은 겨울 가지에 하얀 목련으로 피기를 소망합니다. 나는 하얀 찔레꽃이 프린트된 포플린 원피스를 입고 사방치기를 하고 있었다. 15살 소녀의,

좀비의 춤으로

마약을 하며 게으르고 싶다.
레즈비언으로 핑크색 가발을 쓰고
허수아비 같은 춤으로 끈적거리고 싶다.
청년의 나이 좀비로 움직이고
만유인력에 끌려 다니며 게으르고 싶다.
구슬픈 사랑을 하고 정신병동의 아이로
오 헨리의 「마지막 잎새」 위에 앉아
건드렁거리고도 싶고
그때쯤이면 어린 시절의 엄마가 아기를 업고
달려올지도 모르겠다.
난 미치지 않았어.
정신병동은 연극무대일 뿐이야.
아름다운 게 사랑일지도 모른다고 생각했다.
One day,
죽은 데이빗 보위가 왔다.
그와 마약을 같이 하며 눈을 가렸다.
계산된 호흡. 계산된 각도가 경지에 이른
"순미야, 너 눈빛이 조금 다르다."

좀비 된 걸 저짝에서 딱 한 사람이 알아보고 있었다.

가슴이 터질 것 같을 무렵,

마침표가 든 숨은 이야기

용서,

새 날 새 힘

애벌레 한 마리.

정신없이 나무를 기어오르고 있었다. 갑자기 훅~ 하고 폭풍이 불었고 그건 힘없이 뚝 떨어지고 말았다. 동그랗게 몸을 말았으며 바닥에 처박혔다. 연초록의,

겨우 정신 차린 애벌레 굼벵이마냥 꼼지락거리기 시작하더니 주름을 폈다 오므렸다 어디론가 기어가기 시작했다.

새 날이 올 거야.

수화기 속 작은 틈새로 볕이 들고 있었고 그건 나방 돼서 날아가 버렸다.

섬 속의 섬

요사스럽고 비열하고 야비한 인간들의 비릿한 게 싫었다. 이승,

징글징글 지긋지긋해서 또 이승이 싫었다. 인연법,

섬 속의 섬으로 가고 싶다. 무인도,

그런 나는 시인이고 소설을 쓴다.

나는 무임승차한 적 있다

스물다섯 살 때였다. 나는 무일푼이었고 아무것도 모른 채 무임승차한 적이 있다.

첫 선을 봤고 그냥 탔다. 그가 어떤 차인지 어떤 성능의 사람인지도 모른 채 어디로 어떻게 갈 건지도 모르면서 행선지가 어딘지 종착역이 어딘지 묻지 않고 그냥 무임승차해 버렸다. 인생,

어디만큼 왔을까? 어디만큼 온 걸까? 처음부터 삐걱거렸던 걸 그냥 타고 중년을 넘어왔다. 그런 상태로 한참을 더 달렸다. 참으면 되는 줄 알았다. 고장 난 엔진을 고치지도 않고 달리다가 바퀴마저 빠졌고 운전대까지 뽑히는 일이 생겼다. 계곡으로 굴러 떨어졌고 처박혔다. 그제서야 무임승차에서 내린 이혼,

내려서 보니 천지가 개벽해 있었다.

공짜도 아녔던 걸 공짜인 줄로 착각했던 오류였다. 무임승차,

내 팔뚝의 여우랑 산다

비 오는 날. 스완,

백조 노니는 곳에 간 적이 있었다. 진열장은 빛으로 가득했다. 거긴 반짝이는 보석들로 가득했고 춤을 췄다. 탱고가 흘러나왔고 얼음판을 미끄러지듯 춤을 췄다.

소나기가 쏟아졌고 그중 제일로 실한 놈, 여우 한 마리가 내 팔뚝 위로 털썩 주저앉았다. 비를 피해 도망 왔다고 했다. 떨어질까 봐서인지 황금색 꼬리가 내 팔뚝을 휘감았고 장악해 버렸다. 순식간의 일이었다.

그날부터 여우는 서식한 거야. 나는 사육했고,

그건 화려했으나 사납지는 않았어. 그놈이 들던 날 새벽 20만 평의 땅을 명의 이전해 준 거야. 그때부터 나는 그놈을 '이십만평'이라고 이름 지어 불렀어. 나는 때때로 이십만평이를 데리고 산책을 나갔고 드라이브를 다녔으며 카페에 앉아 있었지. 벗이 된 거야. 먹물 잔뜩 머금은 붓끝같이 허리는 뭉뚝했다가 아래로 내려갈수록 가는 끝의 황금색 꼬리는 요염하기까지 했어. 나는 나날이 행복했지.

초침 뚝딱거릴 자리에 수컷 '이십만평' 이가 살게 된 거야. 팔지,

2019. 3. 2.

장마 같은 청춘

저녁 뉴스에서 곧 장마가 들이닥칠 거라고 했다. 그리고 얼마지 않아 폭우가 쏟아지기 시작했다. 청춘 쏟아지듯,

아직 가을 같지 말자.

푸른 들판의 것들을 한꺼번에 휩쓸고 가듯 벌떡거렸던 청춘도 소멸과 생성이 같이 존재했었다. 잃고 얻음이 뭐란 말인가? 적당히 고요할 지금도 싫지 않음이다.

비움과 버림 사이

어제 버렸던 생각을 오늘 다시 주워 기록하고 있다. 그런 나는 시인이다. 버렸으면 간단했을 걸 그걸 들고 종일 끙끙거렸다.

비움은 곧 깨달음이다. 깨달음은 줍지 않아도 됐다.
토악질로 있던 구시렁거림도 버렸던 걸 다시 주워 채웠기 때문이다. 탐심,
'비움'을 하긴 해야겠는데 그건 영 멀리 있다.

사람 쉽게 믿는 경박함과 함부로 말하는 경박스러움은 같다. 무겁고 어두운 탁한 기운 역시 비우지 못함에서 오는 거였고 탐심이 앞선 탓이었다.

오늘 나는 깃털만큼 가볍고 싶다. 비눗방울같이 비워 살고 싶고, 세 살 아기 웃음으로 살고 싶다. 다섯 살 아이만큼 철부지이고 싶고.

광끼

영화 〈퐁네프의 연인들〉 속 드니 라방 같은
그런 거지가 되고 싶다.

4차선 밤거리 시멘트 바닥에 이마를 긁을 수 있는
허름한 목발의 광끼
불꽃놀이 속 동상에 걸터앉아 권총을 쏴대는
춤을 추고 세느강 줄기를 타고 노는 수상스키의 미친 존재
그 충동이 내 안에서 벌름거리고 있었다.

날이 저문다. 천 번을 봐도 배고프지 않을 맨발의,

* 감독; 레오스 카락스
배우; 줄리엣 비노쉬(미셸 역)
드니 라방(알렉스 역)

갈증의 절규는 주님이십니다

그로 인한 분노로 제 인생이 흙탕물 되지 않게 하옵시고 쳐죽일 놈. 그놈으로 인하여 제가 망가지지 않도록 지켜 주소서.

환생합니다. 거룩한,

주님 앞에 다시 섰습니다. 주님 이름으로 도우시고 봉사의 길로 인도하실 주님은 빛이십니다.

기회 주신 주님! 한 번 너 저를 거두옵소서. 거북의 등껍질 같이 딱딱했던 '에고'는 놓고 고무줄 끊어진 빤스처럼 그만큼 많이 비울 수 있게 도우소서.

한 잔의 낭만으로 오신 주님! 성큼성큼 오소서. 젖 빨 아기는 울고 있습니다. 갈증의 절규는 주님이십니다. 오소서. 성령님,

기도합니다. 메마르고 갈라진 땅 위에 옥토 되어 주실 주님! 아버지 하느님! 간절합니다. 어서 오소서.

바늘

작지만 그것의

존재.

뾰족한 침묵. 그 안의 힘,

천 년 묵은 거목도 쓰러트릴 수 있었다.

풍광

올레갈레 하며 걷던 길
올레길이다.

걷노라면 검은 돌의 담이 있고 마을에 들어서니 울타리 또한 그랬다. 처음엔 시커먼 게 낯설어 싫었다. 차츰 그놈의 묘미를 알았고 걷고 또 걸었다. 성근 돌이,

돌담이 주는 틈새가 그랬고 나지막한 그것의 친근감이 그랬다. 높은 성의 벽이 아닌 정겨움의,

나는 그것에 매혹됐고 푹 빠졌다. 울 너머엔 해녀가 있었고 올망졸망 방 안 가득 아기 울음소리가 새어 나왔다. 방금 물질해 온 소라를 삶는 건지 구수한 바다 내음이 돌담의 틈새로 풍겨 나왔다.

맛났다.

유채꽃 흐드러진 건 또 검정의 그것과 보색을 이뤄 선명하다. 바람이 지나니 그건 흔들렸고 영락없는

제주였다.

기도·2

지켜 주십니다.

두 팔 벌려 맞이해 주신 주님!
"빛 따라 가라."
그렇게 오게 하신 주님!
제 곁에 계십니다.
지붕 꼭대기에서 하늘 가득 저를 맞이해 주신 주님!
그 순간 주님은 온전한 빛이셨습니다.
온유하신 주님!
저에게 기회 주소서.
저는 곧 당신입니다.
제주에서의 첫 여름
첫 태풍의 '쁘라삐룬'이
얌전히 지나갈 수 있도록 도와 주소서.
육지에서 저를 떼어내신 주님!
저를 도우소서.

중문성당 마당에 서서
지붕 위 예수님께 절박한 기도로 서 있었다.

몇 시간 후면 휘몰아칠 태풍 밴 하늘이
붉은 노을로 물감을 엎지른 것처럼 보였다.

2018. 6. 30.

자연이 장작이다

엄동설한 정적 깨는 소리
통나무가 도끼날에 찍혀 쪼개지는 소리
이분법으로 분리되는 순간의 소리
거기엔 마른 장작의 불꽃이 숨어 있었다.

불꽃 피워야 그제서 장작의 찰나를 만나는

새싹 어린잎이 고목에서 장작 되기까지
묵은 그 안의 것은 自然이었다.

자연 같은 자유_ 니 맘대로인,
내 안에서 크고 있었다.

카페에서

출렁일 게 없으면 그게 바다냐?

검푸른 바다를 마시고 있었다.
뜨거운 게 한꺼번에 들썩였고
그건 은빛으로 반짝였다.
투샷의 진한 향으로 혀를 찌르고
식도를 타고 들어간 그건
내장이란 옥토를 비옥하게 만들었다.
에티오피아의,

해가 생리중이었다. 노을,

아싸, 가오리

대형 수족관에 수만 마리의 물고기가 있었고, 그중 한 종류 가오리가 너풀너풀 나비처럼 날아다녔다. 상어도 같이 존재하는 공간. 생존이다. 제각각 유유자적 관상용의 임무에 충실하고 있었다.

우리는 누구한테 또 다른 관상용일까?

그 임무는 충실히 하고 있는 건지? 가끔은 관상용일 때가 나을 수도 있다는 존재감,

발톱이 이상해

생일상에 문어가 올라왔어. 숙회인 듯했어. 허연 속살 곁으로 빨판인 문어 발톱이 발딱 누워 있는 거야. 한 점 먹어 보려 젓가락이 그 근처까진 갔었지. 거기서 나는 되돌아오고 말았어. 시뻘건 껍질의 밀림 속에 뭐가 사는지도 모르겠고 넓적하고 둥근 빨판은 비행선 같았어. 외계인이 조종하는 비릿한,

발톱이 이상해.

꽃의 향연

눈발 성성한 한라의 겨울을 뚫고 나온 다홍의 물결이 제주를 통째로 흔들고 있었다. 벨벳 같은 꽃잎의 결이 다칠까 두려운 건 바람이 아니라 봄이었다. 천지연 가는 유순 언니마냥 연산홍이 여름으로 걸어 들어가기 시작하면서 요강만 한 수국이 지천을 이뤘다. 바람이 울고 들꽃들이 순서대로 피고 지는 사이 주황의 감귤이 겨울 꽃으로 피기 시작했다.

해녀의 주름은 돌문어를 들어 올리고,

봄볕 더위 속 짱인 것들

1. 나는 평생 8월의 매미처럼 울었다. 귀뚜라미 풀섶에서 가을 기다리는 줄도 모르고,

2. 땡볕에 뜨거운 비가 쏟아졌다. 지나던 개미 한 마리, 그 소나기에 둥둥 떠내려갔다. 여자의 노상방뇨였다.

3. 지글지글 끓는 아스팔트 위의 달팽이 한 마리. 120km 과속의 벤츠가 지나갔다. 하얀 피가 한강을 이뤘다.

걸레 같은 년

초겨울의 바람을 가르고 있었다. 스포츠카 뚜껑은 닫고,

귀갓길 석양은 이미 노을이 붉게 퍼져 있었다.

"선명하네요."
"아니, 걸레 같은 년."

순간 폭소가 터져 나왔고 자동차가 들썩였다. 똑 떨어지게 선명한 해가 아니라 구름 낙서로 인해서 흐릿했던 해의 라인을 두고 이른 말이었다.

절묘했다.

파도, 지랄하고 있었다

울어라, 파도야! 부서져라.

왜 자꾸 밀려오는 겨. 볕에 바짝 마른 8월의 백사장을 적시고 또 적셨다. 은빛 바다는 한꺼번에 달려들려 그렇게 벌떡거렸다.

지랄하고 있었다. 더 가까이 달려들려 안달하는 너는 누구냐? 몇 시간 후면 또 떠날 거면서……

내가 먼저 등을 돌려 버렸다. 파도야! 울지 마라. 제발,

인연

뜻대로 하소서.

혼자여도 좋습니다.
아니, 늘 혼자였습니다.
울지 않아요.
두렵지 않습니다.
혼자 왔듯이 또 혼자로 갈 것입니다.
지우개로 지워 주소서.
다시 붉은 오일스틱으로 북~ 긋는다.
환칠한 것도 모자라 피눈물 흘리게 한
그랬던 인연 하나 낙서인 줄도 모르고 한 줄 시로 꽃피웠으며
한 페이지 그림으로 완성하였습니다.
눈을 감습니다.
대낮보다 환한 빛 속에 검지손가락 한 마디만 한 검은 형체로
당신은 저 멀리 서 있었습니다. 질투의,
이제 그만 찢으려 합니다.
뜻대로 하소서.
그때의 애벌레 나는 나비 돼서 빛 속으로 날아오릅니다.

북~ 그었다. 닭띠의 폐를….

똥파리 같은 인생

똥파리가 나다.

열린 방충망의 선만 넘어가지 않았어도 에프킬라의 소나기 세례를 받지 않았을 것이다. 나는 생선 비린내를 맡았고 순간 선을 넘어 버렸다. 겁없이 식탁 위를 앉고 날기를 여러 번 돌돌 말린 신문의 검은 한 방 오지게 맞은 충격으로 내 날개 하나가 부러졌다. 겨우 날아오른 게 창틀 구석이었다. 코너에 몰린 나는 살충제 에프킬라의 세례를 받기 시작했다. 폭우처럼 쏟아졌다. 구석의 나는 고스란히 그걸 맞고 있어야 했고 결국 창틀 밑으로 떨어졌다. 몸은 빳빳하게 굳어 갔다.

한 토막 추억이 지나갔다. 풀밭 너른 들판을 날던 어린 시절의,

쥐뿔. 개뿔. 용 뿔,

고작 닭 벼슬로 갑질 마라. 나는 용 뿔야,

(2018년 9월 13일 AM 10시 40분 TV 광고를 보고)

벌 쏘인 여자마냥

모든 건 '결'이 있었다.

'운'이란 놈도 윈드서핑 하듯 타고 넘었으면 좋겠다. 좋은 기운일 땐 모였다가 나쁜 기운일 땐 흩어져 멀리 있고 때를 기다리자. 벌 쏘인 여자마냥 무조건 달려들지는 말고. 인생,

칸트 이야기

아침부터 장맛비가 쏟아졌다. 참으로 맛있게 내리고 있었다. 아스팔트라 흙냄새는 없었지만 어린 시절이 생각났고 흐뭇했다. 비,

스타벅스 안의 늙은 칸트는 오늘도 여전히 그 자리에 앉아 있었다. 동상처럼,

매번 두툼한 책 위에 있는 그는 투박하다. 낡은 중절모가 상징인. 개미다리의 워커 아이돌, 그는 그때도 뇌 밭을 헤매고 있었다. 그가 그러고 있을 때 나는 마마무의 데칼코마니 속 12시 10분 전을 지나고 있었다. 귀를 찢는다.

잡아당기는,

대각선으로 멀찍이 앉아 있는 그가 매번 신경 쓰이는 건 열흘은 씻지 않은 듯한 구릿빛 얼굴이 그랬고 언뜻 보면 노숙자 같은 차림의 범상치 않은 그게 자꾸 당겼다. 그런 그가 이 장맛비를 뚫고 들어와 앉아 있는 거다. 어제. 혹은 그제처럼 또,

책갈피 속에 자꾸 구겨넣고 있었을 비…

형이상학 글자들이 장맛비에 퉁퉁 불었고 뚱뚱해졌다. 그건 부력이 생겼으며 떠다녔다. 칸트는 그걸 또 다섯 살 아기처럼 타고 놀았다. 그것들은 그렇게 칸트의 뇌 밭에서 후림을 당하

고 있었다.

기웃거렸다.

장대비가 다시 쏟아졌다.

그때 검은 돌하루방이 비를 쫄딱 맞고 들어왔다. 이번 역시 우산도 없이 걸어들어 온 칸트의 허상이었다. 방관자 나는 여전히 그를 쳐다보고 있었고 혼자다. 대각선의 빗장,

가까이 다가오면 칸트보다 더 먼저 비 맞은 노숙자 냄새가 들이닥칠 것 같아서 적당한 빗장으로 있는,

여기는 '마스카라 번진 여자'

거기 그는 저만치서 고독 씹고 있었을 칸트,

붉은 혀의 간

한 뼘씩 걸었다. 내 몸 길이만큼씩.

하늘 바다에 구름으로 낙서를 해 놓고
범선을 띄웠다. 나는 그걸 타고 놀았다.
바람에 파도치는 구름의 결마냥
내 간의 혀가 출렁였다.

한 뼘씩 움직여라.
열흘이면 싱싱할 간아!

쪽빛 하늘바다에 간이 뛰어들었다 풍덩~

다음날 아침 붉은 태양으로 솟아오를 간이,

중독·4

마약 한 술을 떠먹었습니다.

점점 마비돼 가는 세포들
샐프 중독의 아름다움은 설렘이었습니다.
그런 술의 잔을 마시고 기뻐서 울었습니다. 시인,

울음이 머문 곳 어느 밀림 속 작은 둥지였다.
나는 어미새였고 알을 품었습니다. 번식의,
부화된 건

詩.作이었다.

사이드 미러

사마귀의 곁눈 같은

도시락 뚜껑을 열면 푸르딩딩한 돼지보지 같은 것만 수북이
싸 왔다던 그것같이
혹은, 낙타 혓바닥 쭉 빠진 것 같은 게 게으름이었다.

그런 그는 사이드 미러다.

눈동자 안에서 크는 달

너의 눈동자 안에서 크고 있는 내 모습을 보고 싶다. 마주보고 있는 와인 잔에 빠진 너를 확인하고 싶고 해무가 쫓겨 가듯 빠른 걸음의 시간도 묶어 놓고 싶다.

칼바람 밀어내는 볕같이 부드러운 게 사랑이다.

올 테면 와라. 어둠,

나는 횃불을 높이 쳐들고 있었다.

바나나

표피를 까면 하얀 속살이 드러난다.

익은 내에 킁킁대다
혀를 날름거리다가
핥다가
혀끝으로 그걸 발라먹다가
목구멍 깊숙이 닿은 게 남근이다.
달착지근한,

다시 혀를 말아 가며 까진 표피를
이빨로 잘근잘근 자극하면
끈적끈적한 진액이 흘러나오기 시작한다.
그걸 다시 핥다 보면
긴 남근이 목젖을 탱탱하게 자극해 오고
그건 피스톤의 힘으로
피어오른다.

낙서

사랑과 미움 사이 한끝 차이다.
청년에서 하얀 수염 되기
하루 한나절이면 되고 백발 코앞이다.

쉬었다 가세요.

식초 같은 여자

겨우내 묵은지 파먹다가 이른 봄 한 젓가락 겉절이를 먹었다. 그 속 식초 같은 여자. 혹은 야들야들 부드러운 청개구리 살결 같은,

칼의 분노를 놓는다.

2016년 11월 7일

악어 턱 밑에서 그네를 탔다

놈의 간이 시방 굳어 가고 있다. 간경변,

나는 악어 이빨에 끼어 있었고 꼼짝없이 죽음의 계곡을 건너가고 있었다. 얼마가 지났을까? 악어는 이빨에 끼인 나를 턱 밖으로 밀어냈다. 간에서 악취가 났던 모양이다. 악어는 한참 동안 입을 쩍 벌리고 있었다. 나는 찰나적으로 그의 이빨에 줄을 맸고 거기 턱 밑에서 건드렁거리며 그네를 탔다.

이후 피로가 걷히기 시작했으며 얼굴엔 환한 빛이 길을 내기 시작했다.

천 년 갈 비단길

빛이 찌른 게 바다다.

오는 동안 검푸른 그건 산만 한 파도로 꿀꺽꿀꺽 토악질을 해댔다. 크게 일어섰다 쏟아질 때마다 벼락 치듯 했다. 서슬퍼런 그건 날을 세웠고 사정없이 휘둘렀다.

나는 베이지 않으려 날렵한 몸으로 요리조리 피해서다 환갑이 됐다.

빛에 찔린 게 천 년 갈 비단길을 내고 있었다. 은빛 머리카락,

무념무상

괴물 한 마리,

지금 코를 처박고 있다. 곧 노트북에 빨려 들어갈 판이다. 조금 있으면 화장실을 다녀올 것이고 졸다가 다시 워드를 칠 것이며 그렇게 되면 언제 일어날지도 모른다. 밥을 차려놔도 먹지 않을 것이며 또 그렇게 되면 나는 기다려야 한다.

나는 괴물이 깰 때까지 부엌 바닥에 쪼그려 앉아 있었다.

코 고는 소리가 하마 등치만큼 크게 들렸다. 밖은 시커멓고,

저 꼴통.

그게 나다.

칙칙폭폭 밥 끓는 소리

정오다.

밥 끓는 소리가 났다. 오두방정이다.

잠자고 있는 바다가 깰까 봐 검지손가락을 입술에 갔다 댔다. 쉿~

조바심냈더니 금방 칙칙폭폭 달리던 전기밥솥 딸랑이가 소리를 죽였다. 잠시 후 밥 냄새를 풀풀 풍기더니 나비처럼 날아와 내 코끝에 앉았다. 입맛 잃은 나는 처음으로 밥이 먹고 싶어졌다.

대추 세 알 얹어 있는,

카멜레온

지금은 검푸르다.

어제는 해무였고
그제는 은빛이었다.

쉽게 드러내지 않는 그건
꼭 숨바꼭질하자는 애인처럼
얼굴을 감추고 있었다.

내일 초록일 게 그립다. 바다,

협곡 같은 발자국

진흙의 뻘을 걸었어. 적당히 꾸덕꾸덕한 진흙이었지. 발자국이 생겼어. 깊고 큰,

말똥구리 한 마리 말똥 굴리며 지나다가 거기 협곡 같은 발자국에 빠진 거야. 뒷걸음으로 거대한 말똥을 굴려 나와야 하는데 움푹 들어간 발자국의 턱이 너무 높았던 거라. 그렇거나 말거나 말똥구리는 포기하지 않았어. 끊임없이 도전으로 탈출을 시도했지. 거인이 위에서 내려다보자면 고작 발자국일 뿐인데… 거길 탈출하기를 하루해가 진 거야. 탈출한 말똥구리는 여전히 말똥을 굴려 가며 멀리 사라져 갔었지. 간혹 나도 그런 협곡 같은 발자국에 빠진 적 있었다.

그 발자국 낸 게 나는 아녔는지….

아무르

꿈틀거리는 흑룡처럼 행태는 구불구불했다.

강가에 서서 물살 표면을 읽자면
거대한 바늘 하나씩이 움직이는 것처럼 보였다.
깊은 내면의 꿈틀거림이 꼭 내 것 같이 들어온 게,

누굴 만나러 저리도 큰 설렘으로 가는 걸까?

노을, 자빠진 빛
그것도 뻘 위에 누운 것 같게 보였고
검은 빛 물결은 그렇게 이중성을 안고 저녁을 서둘렀다.
뭘 하려 저리도 서두는 건지 내 것도 같이 실려 보내 본다.

아무르,
아무르,

검은 건 밤새도록 별을 반사하고 있었다.
주먹만 한 별이 뚝뚝 떨어지게 하려 너는 낮부터
그렇게도 큰 어둠을 베고 있었구나!

아무르,

숙취

첫날 건드려놔서 그러. 보드카,

기다려.

올 거야. 때가,

그녀는 종일 해장술에 취하고 또 취해 있었다. 원주댁,

젊음은 그것도 귀여웠다.

변덕

왜 그렇게도 못나게 태어나게 했겠어.
그러잖으면 교만으로
모두를 다치게 할까 봐서야,

왜 땅바닥에 엎드려 일하게 했겠어. 원예,
숙이고 살라는 메시지였다.

사흘 못 가더라.

두터운 게 아상이다

아상, 깊었습니다.

말뚝이 명치 끝에 박혔을 때 숨이 턱 막혔습니다. 눈이 멀었고 귀는 찢어졌습니다. 세포 하나하나를 오므렸습니다. 낙지가 뜨거운 물을 만났을 때마냥,

딱딱한 겨울이 지나고 그 자리에 봄날 살랑일 아상을 벗는다.

빛이 의자였다

—헌시

빈 의자에 앉은 건 빛이었다.

빛이 들었고 의자는 그림자를 만들었다. 저녁때가 돼서야 키가 커진 의자는 다른 방향을 쳐다보고 있었다. 길고 홀쭉해진 빈 의자다. 빛바랜 게 혼자 서 있자면 바람이 발을 들고 오고 꽃잎 사뿐히 내려앉아 향기를 놓고 갔다. 손으로 잡을 수도 잡히지도 않은 바람처럼 떠날 채비로 있었을 그때도 의자는 긴 그림자로 석양을 걸터앉아 있었다.

다시 아침이 오고 빛이 의자였다.

종이인형

까만 종이에 하얀 크레파스로 그림을 그렸다.
사람남자,
병정처럼 서 있었다.
가위로 오렸고 세워 놨다.
종이인형이 됐다.
근위병 같았다.
바람이 불었다.
후끈한,

종이인형이 넘어졌다.
바람에 데굴데굴 굴러 구석에 처박혔다.
이리저리 굴러다녔다.
비가 왔고 젖은 건 쓰레기가 됐다.
근위병 같았던 황금기가 지나가고 세파에 시달린 건
처치 곤란한 쓰레기로 악취를 풍겼다.

멀리 있는 성능 좋은 에어컨보다
간혹은 가까이 있는 목 부러진 선풍기가 시원할 때가 있다.

연장은 들고 들어왔다

독수리 한 마리 Cap을 쓰고 숲속으로 날아들었다. 검은 뿔테안경을 썼고 눈빛은 안경 너머에 숨어 있었다. 새벽까지 먹은 술이 덜 깼다는 거친 음성의 그는 턱수염이 수북했다. 허름한 재킷의 그는 락커다. 연장은 들고 들어왔다. 둥둥둥… 광목 찢듯 찢긴 거친 소리가 피뢰침 되어 그의 찢어진 청바지 속으로 스며들고 금방 폭발한 화산의 검붉은 연기처럼 뜨거운 연장 소리 성난 표범의 울부짖음 같았다. 절규하는,

Cap 안에 둥지를 튼 독수리 한 마리 떠내려간다. 어쩌면 지금쯤 또 다른 사랑에 빠져 있을지도 모를 이별 아픈 애증으로 지나갈.

표류하는 한 마리 나그네 그는 락커였다. 허름한 재킷의,

오리무중

해무로 뒤덮였다.

가까이 가서 보자면 해변은 잦은 파도로 들썩이고 있었다.
내가 서 있는 거실에선 그게 보이지 않았다.

거대한 좌파새끼들,

비(雨)의 혈흔

'솔릭' 이 훑고 지나간 자리

키 큰 야자나무가 건드렁거리더니
뚝 부러졌다. 허리가 끊긴,
뿌리를 박고 있는 건 막대기가 돼 버렸다. 말뚝,

비가 스민 거기에 꽃이 피었다.

찢겨진 막대기에 지나가던 귀신의 옷자락이 걸렸다.
그건 거기에서 둥지를 틀었고 밥을 먹었다.

썩은 말뚝이 밤마다 울었다. 윙윙~~
비의 혈흔은 오래 갔다.

* 솔릭; 2018년 8월 22일 제주도를 훑고 간 태풍.

안개는 '無'다

안개는 '無'다.
그건 손에 잡히지 않는 검정이고
이슬이고 는개비다.

안개는 무겁고 답답하고 칙칙한 터널이다.

별이 삼킨 건 아무것도 아닌 액체였다.

일탈

밀물 때인지 자꾸 파도가 일렁였다.

그러더니 저녁때쯤이었던가? 턱 밑에 와 있었다. 파도,

그 결같이 부드러운 '간'아 빗장을 열어라. 너를 초대한다.

헤밍웨이의 술병

낚싯줄 끝에서 펄떡이는 게 병나발이다. 하얀 수염이 헤밍웨이고 그는 파이프를 물고 있었다. 「노인과 바다」를 낚아 올렸으며 청새치가 모히또를 마시고 있었다. 나른한 오후,

붉은 가발의 헤밍웨이는 총구를 입 안 깊숙이 넣었다.

물의 결

형태가 없는

무색무취의

결 부드러운

그것같이 아름다운 건 세상에 없었다.
뼈만 들고 산 오늘
뜨끈한 부끄러움이 올라왔다.

오래도록 화끈거렸다.

재가 되고 싶어 환장한

장작을 들썩였다.

타다 남은 작은 불씨 하나 벌어진 구멍 사이로 재빠르게 밖의 동태를 살피러 달려들었다. 순간의 하늬바람에 홀려 상큼한 초저녁 별빛으로 반짝였던

아직 희미하게 남은 붉은 씨앗

잿빛으로 자꾸 퇴색되고 있는

그렇게 혼을 태우며 자꾸자꾸 안쪽으로 기어들어간…

깊숙이 들어가면 들어갈수록 멀어진 그건 서둘러 허연 잿빛의 시체로 자빠졌다. 다시 들썩이면 순간을 쳐들어오고 금방 탁색될 거면서 존재.

위태롭다. 웃픈 현실의 소멸,

다급한 빛이 흐릿해질 때쯤 바람이 스친 그건 날아올랐고 흩어졌다. 한 줌 먼지로 사라질(진),

비움

돼지를 몰고 가자니 꿀꿀거리기만 하였고 요란만 떨었다.

道로 온 돼지는 가느다란 회초리로 살살 몰고 가니 꿀꿀거리는 소리 노래로 들리더라.

탐욕의 돼지를 소처럼 끌고 갈 수는 없었다. 절대로,

소도둑

1. 풀섶에 끈이 있어 잡아당겼다. 암소가 따라왔다. 누렁이,

2. 자식이 서 있었다.

3. 소도둑 같은 게 자식이었다.

창살의 배신

거실에 앉아 있자면
베란다 난간의 창살 사이로 섬이 하나 떠 있었다.
창살 너머로 섬이 갇힌 건지 내가 갇혀 있는 건지

5월의 볕은 찔러들어 왔다.

은빛 찬란한 바다는 지금 섬을 띄워 놓고
잔파도를 부르고 또 불러들였다
거푸거푸 몸을 찌르고 있는 파도야!
너는 누구냐?
섬 대신 나를 업고 가다오.

갇힐 게 갇혀 있었다.

그 이름 산방산이었다

정면에서 보자면 송곳니가 솟은 듯도 하고, 측면에서 보자니 뭉툭하니 불쑥 솟은 게 꼴통 같게 보이기도 했다. 불끈 쥔 주먹 같게도 보였던 투박함이 꼭 심통난 갱년기 시골 아낙 심보 같기도 하고,

풍화혈. 바람과 파도,
그리고 소금기로 바위에 무늬가 생기고 구멍까지 난 그건 아직도 크고 있었다.

어제는 볕에 속살까지 다 드러내놓더니 오늘은 웬일인지 실크 자락 같은 안개로 그걸 반쯤 가리고 서 있었다. 산방산,

구멍

지름 108mm 사이로 땡볕이 쏟아졌다.

짙푸른 하늘이 올려다보인 곳. 그곳으로 가끔 나그네처럼 구름이 지나갔다. 비바람이 불면 빗물이 고였고 바다를 이뤘다. 그건 출렁였고 폭풍은 거셌다. 한 조각 검불은 풍랑으로 휩쓸렸고 침몰됐다.

이 또한 지나가리라.

다시 뙤약볕이 쏟아졌다. 갱년기 같은 건조함으로 서걱거리던 구멍엔 지금 서릿발 성성한 찬 기운이 소복이 쌓였다. 그건 곧 아지랑이로 피어오를 것이다. 홀컵,

우담바라

페달을 밟아라.

꼭 뭐가 올 것만 같다. 하늘이 시커멓다. 분명 저 너머엔 별이 들어 있을 거야.

부지런히 가속의 페달을 밟았다.

비에 젖고 술에 젖어 있을 당신에게 나는 우산을 받쳐 들고 있었습니다. 그게 무지개였던 걸 나중에서야 알게 됐지요.

천년 가도 피지 않을 꽃.

너를 놓고, 너도 놓는다

너를 놓고 너도 놓는다.

너를 놓기까지 반세기나 걸렸다. 그 가벼움 '깃털' 같다.

너도 놓고 너를 놓는다.

너무도 오랫동안 짓눌렀던 쇳덩이가 붉은 녹물의 얼룩으로 낙서 돼서 나를 괴롭혔다. 가슴팍 한가운데 꽂힌 그건 빠지지 않았다. 흔적,

후련하다.

너를 놓는다. 너도 놓고,

무거우면 놔라

무거우면 놔라.

무거운 건 반드시 쏟아진다.

그건 병을 낚는 괴물이고,

소문

악몽의 사람들을 밀어냈다. 그것들은 밀어내면 밀어낼수록 달려들었다. 음해 비난의,

먼지처럼 날아 다니는 그것들이 갈가마귀다.

흩어졌다 다시 뭉치고 솟아오르고 추락했다가 소멸돼 버리는 수천 수만 마리의,

한 마리 독수리 머리를 한 익룡이 나다.

들고 있던 젓가락만 한 막대기 끝에서 번개 같은 빛이 달려들었고 꽂혔다. 소문,

목이 아프고 배가 고프다

도시에 갇힌.

자물쇠가 잠긴,

지긋지긋하게 알아듣지 못하는 이가 청년입니다.

우이독경.

지식에 갇혀 변동 없을 이가 무겁습니다.

아무리 북을 쳐대도 끄떡 안 합니다.

똬리를 잔뜩 틀고 있던 나는 슬슬 몸을 풀고 기어 나와 버렸습니다.

꿈쩍도 안 합니다.

비전 없음입니다.

그가 지고 있는 타이틀은 또 다른 허물입니다.

허물 벗지 못하면 죽은 시체와 같습니다.

이번엔 꽹과리를 쳐댔습니다.

자만의 옷자락으로 얼굴 깊숙이 가리데요.

될 게 아닙니다.

저는 목이 아픕니다.

핏대가 터져 수술을 했고 지쳤습니다.

불인두로 지진 핏대에서 지렁이가 기어 나왔습니다.

토룡탕을 끓였습니다.

이번엔 그에게 주지 않으려 합니다.
자네나 드시게.
슬쩍 건넵니다. 곁에 있는 이에게,
많이 드시고 가십시오.
저는 배가 고픕니다.
그러나 토룡탕은 제가 먹을 게 아니라 먹지 못합니다.
많이 드시고 가십시오.
핏대가 또 터지려 합니다.
또 터지기 전에 조용히 찌그러져 있어야겠습니다.
이렇게 답답한 이들이 들벅들벅 합니다.
이런 이들이 강단에서 가르칩니다.
본인은 바뀌지 않으면서 바뀌라고 가르칩니다. 어불성설,

나는 배가 고프고 허기집니다.

2

산문

콩트
희곡 수필
동화

콩트

나는 대통령입니다. 당연히 늙은 배우지요. 청와대는 오늘이 대통령으로서의 마지막 무대입니다. 객석에 나와 똑같이 생긴 사람이 있는 걸 봤습니다. 최순실,

'내가 이러려고 대통령을 했나?' 억장이 무너졌습니다. 비아그라는 멀미약으로 쓴 거 맞습니다. 믿어 주세요.(故 김형곤 코미디언의 유행어 뉘앙스로)

최순실 없으면 나, 대통령은 연설문은 물론 옷도 못 입습니다. 당연한 일 아니겠어요? 너무 오랫동안 지근거리에서 일거수일투족 함께한 사람이라 혼자서는 화장실 가는 것도 결정 못합니다. 그 지경에 이른 지 오래 됐습니다. 다 아시잖아요. 그가 없으면 보톡스도 맞을 수 없거니와 태반주사도 물론 맞을 수 없어서 그의 말을 들어야만 했습니다. 그게 내 직뭅니다. 언제부턴가 그렇게 됐습니다. 차은택을 통해서 장관 추천은 물론 문화, 예술산업도 막강한 힘을 가지고 도움을 줬습니다. 혼자서는 못했을 일들을 도움 줘서 고맙게 생각하는 바였습니다.

오늘 이 자리가 마지막 무대라서 애써 말합니다. 고영태 고놈만 괜찮았어도… 그런데 그만 정유라의 개새끼 때문에 최순실이랑 애인 관계가 깨지는 바람에 이 짝이 난 것에 대해서 괘씸하게 생각합니다. 고놈만 잘 갔어도 잘 끝낼 수 있었는데 말입니다. 최순실과 한 주머니를 차고 있어서 편했습니다. K스포츠재단도 당연히 잘 굴러갈 것으로 믿었고. 고놈의 고영태 때문에 일이 망쳐진 것에 대해서 안타깝게 생각합니다. 불통 대통령, 아무나 하나요?(태진아의 〈사랑은 아무나 하나〉) 대면하면 최순실한테 직접 물어 볼 수 없어서 대면보고 할 수 없었습니다.

다 아시면서…

지금 저는 사접니다. 들어서면서 울었습니다. '이러려고 대통령을 했나?' 그래서 울었습니다. 저는 또 검찰 조사에 응해야 하는 서민입니다. 순실이가 없어서 당장 큰일났습니다. 마지막 무대가 되는 청와대를 떠나오면서도 국민대담화를 발표하지 못한 건 최순실 없어 읽을 대본이 없었어요. 저는 늙은 배웁니다. 대본이 있어야 읽습니다. 제 곁에 정윤회만 있었어도…

18년이란 마의 숫자도, 부모님 모두를 잃은 청와대의 비운도, 저를 끝으로 이 드라마는 끝이 날 거라고 믿습니다. 광화문 LED 촛불 부대의 함성이 제 귀를 찢었습니다. 불도 아닌 것이 힘이 세데요? 비가 와도 바람이 불어도 그건 꺼지질 않았습니다. 그을음도 없는 것이 말입니다. 깃발 휘둘림에도 끄떡하지 않았습니다. 엮인 건 맞습니다. 그럼에도 불구하고 보톡스나 태반주사를 앞으로도 계속 맞아야 해서 저는 최순실이가 필요합니다. 돌려 주세요.

햄버거 당연히 포크와 나이프가 필요했습니다. 전여옥은 TV에 나와서 또 저를 '비극의 여왕'으로 작가적인 말을 하데요. 영국 가서 변기도 바꾸는 사람인데 그깟 포크 정도야 뭐 있을 수 있는 일 아닙니까?

이래도 되는 건지 우리는 지금 우리의 국민성을 다시 한 번 생각해야 할 때라고 생각합니다. 이게 사실이라면 박근혜 전 대통령도 잘한 것은 없지만, 그렇다고 우리의 것을 우리 스스로가 이 지경으로 쏟아내리는 것에 대해서는 심각하게 생각해 봐야 할 문제라고 생각합니다. 나라 경제나 세계 속 한국에 대한 신뢰감은 어떡할 것인지 심각한 문제입니다. 어떻게 끌어올리고 바로세울 것인지 득과 실이 무엇인지 우리는 판단해야 합니다.

빈 건 빈 거다
─어른동화

썩은 고목이 버텨 서 있었다. 날 선 벼랑 끝에,

겨울이 왔고 눈보라가 쳤다. 속이 텅 빈 고목이 윙윙 몸으로 울고 있었다. 세찬 바람이 마구마구 달려들었다. 고목은 있는 힘을 다해 버텨 서 있었다. 외롭다며 썩은 몸을 내주던 고목이 구멍에 둥지 틀라 재촉하더니 바람에 흔들리기 시작했다. 정신없이 흔들렸다. 혼미했다. 고목이 안고 있던 둥지를 떨어트리고 나는 내동댕이쳐졌다.

나는 다람쥐입니다.

가차없이 굴러 떨어졌고 부러진 갈비뼈가 난간을 붙잡고 있었다. 바람은 더욱 세차게 불어댔다. 눈발 무섭게 쏟아지더니 마침내 한 길 높이만큼 쌓였다. 그럼에도 불구하고 거푸거푸 퍼붓는 눈발은 그칠 기미가 전혀 없었다. 물기 없는 푸석푸석한 고목이 점점 크게 울어댔다.

"윙윙~~."

"다람쥐야! 나 좀 잡아 줄래? 넘어질 것만 같아. 더는 못 버티겠어."

"조금만 더 버텨 봐."

"윙윙~~."

"나무야! 울고만 있지 말고 좀 더 버텨 봐."

고목나무가 몸을 일으키려 안간힘을 썼다.

"나무야! 올 겨울 함박눈의 물기를 잔뜩 머금으면 내년 봄엔 새순이 돋을 수 있을지도 몰라. 다시 잎을 피우고 꽃 피우면 가을엔 열매 맺게 되고, 조금만 버텨."

"난 안 돼. 이미 틀렸어. 몸은 마르고 건조한 게 바싹 마른 밤껍질 같아졌단 말야. 이 몸으로 어떻게 잎을 피워. 난 못해. 그러기엔 너무 늦었어."

"흙에 몸을 묻고 있는 밑동 어딘가에서부터 새순을 피우면 되잖아. 그 잎이 자라 숲을 이루고 우거지면 청년이 될 테고 그때 열매 맺으면 되잖아."

"내가 다시 꽃 피울 수 있을까?"

"그럼 그럼. 넌 할 수 있어. 오백년 된 저 벚나무도 꺾이고 부러져 뿌리째 뽑혔지만 이듬해 꽃을 피웠잖아."

"바람이 멈췄으면 좋겠어. 넌 안 춥니?"

"응, 난 털이 있잖아. 바짝 몸을 움츠려 봐. 덜 추울 거야."

고목나무는 땡땡이 언 몸을 잔뜩 웅크리고 힘을 주었다. 벼랑 끝 난간 저 밑 중턱엔 바위가 있고 난간엔 여전히 거친 바람이 불고 싸락눈이 쏟아지고 있었다.

쉽게 그칠 눈이 아니었다. 나무들이 빼곡한 협곡 골짜기는 평생 가야 인기척이 없는 곳이었다. 시커먼 그곳엔 눈이 켜켜이 쌓여 만년설 같았다.

고목나무가 아래를 쳐다보고 말했다.

"저 협곡으로 굴러 떨어지면 난 평생 저곳에서 묻혀 있을지도 몰라."

"힘을 내, 나무야. 넌 할 수 있어. 밑을 보지 말고 멀리 하늘을 봐. 네가 제일 높은 곳에 서 있잖아. 탁 트인 전경은 너만 볼 수 있어. 니가 가진 최고의 것이라고. 너를 지켜."

"난 오히려 무서운 걸? 세찬 바람에 금방 쏟아지고 굴러 떨어질 것 같아 두렵단 말야. 쌓인 눈이 무거워 못 버티겠어."

이번에도 고목의 투정에 다람쥐가 버텨 주려 안간힘을 썼다.

그 순간 세찬 바람에 고목의 몸통 한쪽 부분이 쪼개지고 말았습니다. 썩은 고목의 몸통이 그나마 반쪽이 돼 버렸다.

곁에는 대쪽 같은 소나무가 독야청청 버텨 서 있었다. 하얀 눈을

이고 있는 솔잎 구르고,

소나무가 말했다.

“너희들 왜 그래? 나처럼 그냥 서 있음 되잖아. 이렇게 버텨 보란 말야.”

범어사 대웅전 기둥만큼 굵은 소나무가 말했다. 그런 사이 다람쥐는 고목이 기우는 작은 소리를 들었다. 점점 기우는 고목이 반쯤 눕기 시작했다. 바람이 또다시 휘몰아쳤다.

우지끈,

고목이 통째로 자빠졌다.

순간 늘어졌던 꼬리를 나는 거둬들였고 재빠르게 피했다. 하마터면 깔려 죽을 뻔했다. 아찔했다.

자빠진 고목은 데굴데굴 하염없이 굴러 떨어졌고 처박혔다. 한길 높이 눈이 갈이 쏟아져 내렸다. 통나무가 구르면서 작은 나무들은 부러지고 뽑혔으며 곁에 있는 바위까지 건드려 바위마저 구르는 바람에 그게 훑치고 지나간 나무들 역시 몽땅 자빠졌다.

다람쥐는 순식간에 소나무를 타고 오르더니 구멍 속으로 쏙 들어가 버렸다.

빈 건 빈 거다.

앵무

처음 미술관 액자 속에서 핑크색 가발 쓴 배우를 만났다.(2016. 6. 15.)
순간 가슴에 뭔가가 꽂혀 들어왔고 설렘으로 울렁거리기 시작했다.

똑같은 가발을 샀다. 뒤집어썼다.(2016. 7. 29.)

새가 됐다.(2016. 7. 30. PM 12시 10분 낮잠 속 꿈속에서) 앵무,(2016. 7. 30. PM 9시 5분 KBS 다큐 속에서 다시 발견)

내가 사는 곳 이승도 저승도 아닌,
유심도 무심도 사치가 됐다.(2016. 7. 30. AM 8시 4분)

번식을 시작했다.(2016. 7. 30. AM ...)

(2016. 7. 31. AM 7시 40분) 질박한 열대우림 속 사각의 정글을 날아다녔다.

기도

그에게 칼 대신 썩은 작대기를 주십시오.
총명함은 무딘 연장 되게 하옵시고
권력 대신 허물을 쥐게 하시고 종이호랑이로 포효하게 하십니다.

그리고 모든 이에게 은총을,

불비불명 혹은 코끼리발톱
—수필

무슨 큰일을 해볼 거라고 나는 때를 기다렸다. 본능적으로 날려고 푸드덕거리는 날개는 구겨넣고 삼킨 울음은 강산 바꾸기를 석 삼년이 아닌 여섯 번 바꾸고도 남았다. 그렇게 나는 등치만 키웠지 이룬 게 없었다.

동물원 안에 갇힌 나는 보기엔 때 끼고 하찮은 존재지만 거대한 몸집을 지탱하는 데는 중요했다. 코끼리발톱,

나는 발톱이다.

발톱치고는 크다. 그렇다고 해서 천박한 바퀴벌레의 발톱은 아니었고 개비 발톱은 더더욱 아니니다. 힘 센 코끼리의 발톱으로 오는 동안 미물인 바퀴벌레만도 못했을 만큼 관심을 끌지 못했다. 그런 나는 강산을 여러 번 바꿔 놓느라 굵은 허리에 칼을 차고 살았다. 그리고 환갑 나이가 됐다.

하얀 갈기마냥 뻣뻣하게 올라온 머리카락 끝에서 손자가 나팔을 불고 있고 수염 하얀 조련사 남편은 골기침으로 있다. 아직 생계의

채찍을 들고 현장을 호령하고 있는 남자는 때때로 수도꼭지를 틀어 놓고 긴 호수로 발톱에 낀 때를 닦아 줬다. 가끔은 찌든 똥을 닦기 위해서 거친 솔을 들고 벅벅 문지를 때도 있었다. 그렇게 오는 동안 살이 패이고 흠집으로 피가 날 때도 있었다.

그럴 때마다 나는 발만 한 번씩 들썩일 뿐 다른 행동을 취하지 않았다.

그랬다가도 피고름이 고일 정도의 상처를 내면 후라이팬만 한 발바닥을 들어 걷어차 버렸다. 충분히 멀리 나가떨어질 수 있게 말이다.

밤이면 골기침도 모자라 문짝 들썩일 만큼의 큰 소리로 코를 고는 남자는 귀도 아프다.

무더운 여름날 쇠파리보다 더 귀찮은 존재 조련사를 피해 때 낀 발톱을 오므리자면 여지없이 내 쪽으로 달려들며 몸을 뒤척인다.

앙상한 겨울 산등성이마냥 성근 털이 솟아 있고 회색 비탈의 몸통은 갱년기를 훨씬 지난 늙은 남자로 있다. 연초록 무성할 5월이 다시 오지 않을,

그런 남자가 산만 한 몸을 들썩이며 코를 곤다. 섹시할 게 없는 외로움의,

나는 자꾸 남자를 걷어 냈고 나중엔 베개를 들고 나왔다.

아직 초저녁이다.

인생의 9시 뉴스가 끝나 가고 있다. 곧 10시를 알리는 괘종시계가 울릴 것이고 끄덕거리고 있는 초침은 서둘러 우리를 자시로 몰고 갈 것이다.

그쯤 되면 개미핥기 같던 청년의 섹스도 뒤로한 채 멀리서 개미구멍만 빤히 바라보고 있을 것이다.

나는 쟁반만 한 발바닥을 추썩거려 발톱의 존재를 확인했다.

아직 건재하다.

패티큐어 하느라 네일숍에 들렀고 나는 의자에 앉아 있었다. 짙푸른 소라색을 입히고 또 입힌 다음 불에 굽기를 여러 차례 반복하는 사이 발톱에 올려진 세상은 환타지였다. 나는 거기서 윈드서핑을 했다. 출렁이는 파도에 집채만 한 몸을 싣고 쏟아졌다 사라지고 또다시 일어나고 몰려갔다 밀려오고 넘어지고 쓰러지기를 하루해가 다 갔다. 그렇게 엄지발톱이 노는 사이 새끼발톱 위로 떨어진 붉은 노을은 어둠을 접고 있었다.

그때쯤,

그때쯤 젖 달라고 우는 아이는 없었다. 이미 아이는 아내의 젖을 빨고 있었을지도 모른다.

맥도날드의 골드바에 앉아 자본주의 상징인 콜라를 마셨고 그네를 탔다. 발톱,

'Thru'

통로로 뻰질 젊음이 진입했다 빠져 나간다. 비만의,

지까짓 게 아무리 비만해도 나만 할까? 비웃었다. 혼자,

"이래봬도 난 코끼리야." 으름장을 놓는다.

몇 개의 햄버거를 더 먹어야 나만 해질까? 저들의 젊음은…

허기졌다.

헐떡거렸다. 오르기를,

연륜이란 게 하루아침에 오는 게 아니었다. 요기만큼 오기를 쉽지 않았던 걸 흔적 많은 발톱이 말해 줬다. 가끔은 발톱이 부러지기도 했고 수시로 곪았고 아팠다.

그때마다 본능적인 비상은 구겨 처넣었고 울음은 참았다. 불비불명,

다시 인생의 괘종시계가 울렸다. 밤 10시다. 초침바늘이 재촉하고 있었다.

째깍째깍,

……

자시로 몰고 간다.

훨훨~

먹물 푹 찍은 붓 끝이 반쯤 꺾였다.

굵은 고딕체로 갈겨댔다.

"훅훅 살자."

그동안 발톱 다칠까 조바심 냈던 걸 걷어내고. 거침없음을

안방 문설주 곁에 딱풀로 척척 붙였다. 그걸,

"지까짓 게 뭐라고 견딜 만큼 견뎌 보자." 싶었다. 발톱,

체면치레 없이 드르렁 드르렁 코 골 수 있을 때까지 살아볼 거라고 단단하게 맘먹는다.

다시 곪지 않게 하기 위해서 나는 어제도 네일숍 의자에 앉아 있었다.

다락방 이야기
—중독

1. 죽어야 한단 말야. 죽으라고… 허공에서 소리가 들렸다.

소주병 2개가 자빠져 있고, 나는 그 병처럼 쓰러져 있다.

"난 개가 싫단 말야. 샤인이 싫다고."

"니가 사왔잖아."

"싫다고, 치워. 개털도 싫고 냄새나는 것도 싫고 싫단 말야."

"니 맘대로 해. 나도 몰라."

남편이 있는 대로 화를 냈다.

2. 또 다른 날 오후.

나는 취해 있고 샤인을 이 집에서 없애 버릴 궁리를 하고 있다.

"포어의 검은고양이마냥 눈알을 파낼까? 그리고 음침한 화장실에 가둬 놓고 문을 잠가 버릴까? 볼일 보러 들어간 남편이 보면 구시렁거리며 바로 샤인을 꺼내줘 버릴 거야. 그렇게 되면 소용없는 일이 돼 버리고 말 거야.

승용차에 싣고 나가서 내다 버릴까?

압구정아파트 근처에 버리면 유기견이라며 데려다 길러 줄지도 몰라."

나는 달려드는 샤인을 저리 가라고 밀쳐내며 버릴 궁리를 하고 있었다.

내일 데리고 나가 버릴 거라면 오늘 잔뜩 먹여야 한다. 그래 먹을 걸 주자.

나는 샤인에게 사료를 잔뜩 줬다.

내 속내를 알 리 없는 샤인은 밥 주는 나를 엄마로 알고 따르고 또 따랐다.

나는 핥는 게 싫고 냄새 나는 게 싫어서.

개털이 싫고 그래서 버리자는 건데 충견인 샤인은 오로지 주인인 나만 지킨다.

나만 따라다니고 나밖에 모른다.

나는 달려드는 샤인이 싫은 거고 멀리 떨어져 있기를 바라는데 지겹다.

어떻게 버릴까? 눈만 뜨면 궁리한다.

죽일 수는 없고 나는 허구한 날 샤인 버릴 생각으로 중독이 됐다. 술에 취해 있고,

술병이 늘고 소주병이 하나둘씩 자빠져 있기 시작하면 난 취기에 강아지 버릴 결론으로 강아지 밥을 주고 또 준다. 비대해진 강아지가 밉다고 내다버릴 거라며 또 술을 퍼마시고 취하면 샤인을

또 다락방에 가둘까 화장실에 가둘까 궁리한다. 취기가 오르면 또 버려야 한다는 결론에 이르고, 버릴 거니까 또 밥을 챙겨 줘야 하고 샤인은 그 덕에 밥 주는 주인을 더 따르게 되고 따르는 게 싫다고 나는 또 버려야 한다는 생각으로 바가지를 긁고 술을 퍼마신다.

취기가 돌기 시작하면 또 버려야 하니까 사료를 주고 살찐 강아지는 더 싫고 밥 주는 주인을 따르는 게 싫어서 버리고 말겠다는 생각의 중독을 이끌고 가고 중독에 이른다.

한 번도 씻긴 적이 없으면서 투정만 하는 나를 남편은 잔소리하고 나는 다툰다.

"셋 중에 누군가 죽어야 끝난다고."

"죽어, 죽으라고… 나는 아냐. 당신이 죽어. 아니다. 개를 죽이자. 아니다. 개를 내다 버리자. 버리게 되면 간단한 거야. 개만 버리면,"

"간단하잖아. 개를 버리자."

"단 한 번 씻긴 적도 없으면서 투정하는 당신은 뭐야? 버릴 거라며 사료만 계속 주는 당신은 개를 비만 만들고 그리고 또 비만이라 싫다니 도대체 당신은 뭐냐고? 정신 좀 차려 봐. 샤인은 오직 당신만이 주인인 줄 알고 당신만 지키고 있는데 자격 있는 거 맞아?"

"외로워서 사 왔는데 이렇게 힘든 줄 몰랐다고. 목욕시키는 일도 그렇고 아침마다 개똥 치워야 하는 일로 하루를 시작하는 것도 짜

증나고 지겨워, 더럽고… 싫다고."

"그럼 왜 사 왔어?"

"몰랐지. TV에서 보니까 저절로 크더라. 그냥 예쁘기만 한 줄 알았지."

"나를 선택하든가 샤인을 선택하든가, 더 이상 못 참아. 못 참는다고…"

"당신이 외출하면 난 샤인의 눈을 파낼 거고 애꾸인 샤인은 나에게 복수할지도 모르지. 그렇게 되면 더 이상 나를 따르지 않을 거고 밥도 먹지 않을 것이며 그렇게 되면 똥도 싸지 않겠지? 그러다 비실거릴 거고 죽어 갈지도 몰라. 그럼 나는 술을 마시지 않아도 될 테고. 나는 샤인이 없었으면 좋겠어."

"내가 아무리 씻겨 주고 밥을 줘도 샤인한테 서열 1위는 당신이야. 그것만 알고 있어."

"그게 귀찮단 말야. 제발,"

"개가 싫다고 냄새 나서 싫고 개털 날려서 싫고 더더욱 비만의 개는 더 싫고…"

"점점 사이코패스처럼 변질돼 가는 나를 당신은 즐기는 거지? 맞지?"

"아냐, 바보야! 난 당신밖에 없어. 당신을 사랑한다고. 당신밖에 없어. 당신밖에 없다고…"

술병을 빼앗는다.

"그만 취해도 되고…"

"제발 샤인을 내다버려 줘. 제발."

"어디다 버리니? 산 짐승을… 걔 나가면 죽어. 하루도 못 산단 말야. 바보야!"

"당신이 출근하고 나면 난 저 검은 털짐승의 눈을 파낼 것이고 귀는 자를 것이며 피가 철철 흐르면 붕대로 애꾸눈을 칭칭 감아 줄 거야."

"바보야! 샤인이 너를 얼마나 좋아하는 줄 알아? 멀리서 당신 발자국 소리에 얼마나 반갑게 꼬릴 흔들고 현관문 앞에서 끙끙거리며 기다리는데?"

"다 싫어, 싫다고… 그래서 더 싫어. 밤에 자다 말고 화장실 가러 나오면 낮에 내가 앉아 있던 쇼파에 지가 앉아 있다가 시커먼 게 털썩 거실 바닥으로 뛰어내리는 소리에 얼마나 놀라는지 당신이 아냐구? 그게 한두 번이 아니라고… 저는 그게 아는 척하러 일어나 달려오는 거겠지만 난 싫어. 제발 버리자."

"여보! 당신이 좋아서 쫓아가는 거야. 당신이 엄마잖아. 샤인의."

3. "그래 나는 엄마야. 엄마는 뭐든지 할 수 있어."

비몽사몽 잔뜩 취한 나한테 갑자기 달려든 건 샤인이었다.

허연 이빨을 드러내고 으르렁거리며 달려든 샤인을 나는 반사적으로 눈알을 파냈고 목덜미를 잔뜩 움켜진 채로 있는 힘을 다해 바닥에 내리꽂았다.

퍽~ 소리가 났다.

4. "당신 무슨 잠꼬대가 그렇게 심해?"
겨드랑이에 땀이 흥건했고 매미소리 귀를 파먹고 있었다. 눈을 비비고,

〈희곡드라마〉

눈구녁
—중독

1.

음침하고 퀴퀴한 반지하 구석진 방 안. 가로 90cm 세로 25cm 정도 크기의 유일한 창문이 나 있고 여기로 빛이 들고 어둠이 진다.

이 창문으로 내다보이는 바깥세상의 다세대주택 연립 주차장이 있고 간간이 지나가는 사람들의 발목만 보일 뿐이다.

식당에서 일하는 아내의 귀가 시간은 밤 10시 반이다.

이 지역.

특히 이 연립에 사는 모든 주민들은 내가 여기 반지하에 사는지를 아무도 모른다. 아내만 드나들 뿐,

나는 사육당하고 있다.

아내가 외출할 때는 현관문을 밖에서 잠그고 나간다.

내가 온종일 처박혀 있는 곳, 여기에서 만나는 세상의 통로는 유일한 창문이다.

뿌연 간유리의 창문은 지나가는 아이가 화풀이로 짱돌을 걷어

차는 바람에 깨져 금이 가 있고 정통으로 맞은 부위는 짱돌의 크기만 한 구멍이 나 있다. 눈구녁만 한.

나는 그 구멍으로 밖을 내다보고 있고 그 구멍으로 볕을 맞는다.

가끔 맨정신일 때는 눈이 부셔 그 빛마저도 피한다.

그 사이로 보이는 밖은 단순하다.

간간이 지나가는 사람들의 발목부터 신발만 보인다.

내 눈구녁을 그 구멍에 맞춰 놓고 종일 지나가는 사람을 셀 때도 있고 발자국 소리로 신발의 색깔을 맞출 때도 있다. 대충 누구일 거라는 걸 알기 때문이다.

신발 끄는 소리는 목사 사모이고, 매일 저녁 술에 취해 들어오는 갈지자 걸음은 순석이 아버지다. 하이힐의 똑딱 소리는 보험회사 다니는 희자 퇴근해 오는 소리고,

그들은 나를 본 적이 없다.

내가 지켜보고 있는 건 더더욱 알지 못한다. 나는 주기적으로 대마초를 피워대고 갑각류의 촉수 늘어지듯 척 늘어져 흐느적거릴 때가 있다.

나는 이 굴 속 반지하를 탈출하고 싶은 생각이 전혀 없다. 중독의 천국이기 때문이다.

대마초 냄새가 밖으로 나갈까 봐 아내는 두꺼운 겨울옷이 걸려 있는 옷걸이로 현관문을 막았다.

종일 기다린 허기는 아내가 돌아올 때 쯤이면 지쳐 잠들 때도 있다. 대부분 한 모금 대마초로 허기를 때울 때가 더 많다.

아내는 식당의 퀴퀴한 음식 냄새를 들고 들어온다. 때때로 돈이 생기면 내 약물 치료약을 사오기도 하고, 손님이 먹다 남은 음식을 싸가지고 오기도 한다. 그건 내 한 끼 식사가 된다.

단양 어느 시골 허름한 식당에서 처음 아내를 만났을 때 나는 영화감독이었다.

차기 작품을 구상하던 나는 전국을 돌아다니던 차였고 너무 허기져서 밥 한 술 얻어먹겠다고 들어간 곳에서 아내를 만나게 된 거였다.

무지한 아내는 며칠째 깎지 않은 내 수염에 반했다고 했다. 첩첩 산골의 겨울 오두막집 같은 식당에서 하루를 묵게 되면서 아내와 나는 김치찌개 한 젓가락으로 밤새껏 소주를 마셨다. 여자는 돈 벌러 서울 올라간 남편을 기다린다고 했다. 그랬던 아내가 지금 나를 사육하고 있고 아내는 우리 집 가장이다. 딸 영선이 유학비에도 반찬 냄새가 배어 있을 것이다. 영선이는 곧 방학을 할 것이고, 플로리다에서 곧 들어닥칠 것이다. 나는 그가 두렵다. 그건 영선이가 갈 때까지 대마초를 피우지 못하기 때문이다.

2.

영선이가 돌아온 지 보름쯤 된 어느 오후였다.

바람 한 점 들어올 곳 없는 반지하 구석진 방 안에 더위에 지친 영선이가 낡은 선풍기 앞에서 자고 있었다.

외국 냄새가 풀풀 나는 영선이의 옷차림에서 젊음이 뚝뚝 떨어졌다. 끈 달린 얇은 썬티 한 장 걸쳤을 뿐인데,

한 뼘 가량 되는 반바지 밑으로 허연 허벅지가 맛나게 영글어 있었다. 오동통통한,

나는 사흘째 대마초를 피우지 못해 일어난 금단현상으로 부르르 몸을 떨었다. 영선이가 깨면 안 된다. 낡은 선풍기 날개가 주기적으로 고장난 기계 소릴 내며 돌아가고 있었다. 그 소리로 영선이가 깨면 안 된다. 나는 조바심으로 더 불안했다.

초초하다.

앞이 캄캄하다.

목이 타고 몸은 오한으로 추웠다. 창밖의 요란한 매미 소리에 영선이 깰까 봐 그것도 불안했다.

100와트 전구 다마가 이리저리 그네를 타는 것처럼 보였다. 빙빙 돈다. 견딜 수 없는 암울한 것들이 지나간다. 영선이 몰래 대마 한 대를 피워 물었다.

향긋한,

아~ 이 쾌감…

나는 혼미한 상태로 널브러져 있었다. 쩍쩍 갈라진 마른 논에 논물 들 듯 온몸으로 향기가 퍼져 나갔다.

늘어져 잠든 영선이의 봉긋한 젖무덤이 잘 익은 호빵 같게 보였다. 너무 배고픈 나머지 호빵을 한입 가득 물었을 뿐인데,

번쩍 빛이 지나갔다.

따귀 한 방이 날아왔다. 거칠었다.

순간

"이년이!"

나는 영선이를 완력으로 덮쳐 버렸다. 파닥거리는 건 한 마리 메기 같았다. 거대한,

미끄러져 빠져 나가려는 용틀임이 거칠어 잡을 수가 없었다. 버둥거리는 영선이를 실신할 때까지 두들겨패 버렸다. 그리고 축 늘어진 영선이의 배 위에 올라탔다.

배를 가른 메기는 더 이상 반항하지 못했다.

깨진 구멍에 눈구녁을 대고 지나가는 신발들을 세기 시작했다.

검정 하이힐을 기다렸다.

귀를 세웠다.

난데없는 영선이 신발이 지나갔다. 캐리어 바퀴가 질질 끌려가고 있었다. 눈구녁은 바퀴를 따라가고 있었다. 소리가 들리지 않

을 때까지 따라갔다.

3. 아내의 분노

느닷없이 들이닥친 아내의 폭언 속엔 무쇠칼이 들려 있었다. 나는 반사적으로 몸을 뒤로 뺐다.

그럴 것도 없이 순간 러닝셔츠를 뚫고 푹~ 찔려 들어온 건 묵직하고 둔한 아내의 부엌칼이었다.

바닥은 피로 홍수를 이뤘다.

아내가 통곡하기 시작했다.

나는 사르르 눈을 감았고 나비처럼 날아올랐다.

현관 안으로 처음 바깥사람들이 들어왔다. 경찰,

홍순미 시집_ 별은 그렇게 무릎을 내줬다

초판 인쇄 | 2019년 10월 1일
초판 발행 | 2019년 10월 5일

지 은 이 | 홍순미
발 행 인 | 이광복
편집국장 | 김밝은

펴낸곳 | 사단법인 한국문인협회 月刊文學 출판부
주소 | 서울시 양천구 목동서로 225 대한민국예술인센터 1017호
전화 | 02-744-8046~7
팩스 | 02-743-5174
이메일 | klwa95@hanmail.net
등록 | 2011년 3월 11일 제2011-000081호
ISBN 978-89-6138-417-9 03810

값 10,000원

잘못 만들어진 책은 바꾸어 드립니다.